Die Sternenfrau in der Johannesoffenbarung
Urbild der erlösten Menschheit

Eine katholische und ökumenische Interpretation von Offb 12,1-17

Margareta Gruber OSF

Impressum

Die Sternenfrau in der Johannesoffenbarung
Urbild der erlösten Menschheit

Eine katholische und ökumenische
Interpretation von Offb 12,1-17

Margareta Gruber OSF

Herausgeber: Hans-Jürgen Sträter
Herstellung und Verlag: BoD – Books on Demand, Norderstedt

Ausgabe vom 1. Oktober 2021

ISBN: 978-3-754372-08-1
Bilder: Wikimedia Commons /Zeno.org

Inhalt

Doppelmadonna im Strahlenkranz
Kirche Großefehn Bagband
Autor: Lothar244, 2005, wikimedia commons

Vorwort

Schon als Kind und Jugendlicher hat mich das Bild von der „Sternenfrau", das von Johannes in der Offenbarung beschrieben wird, sehr fasziniert. Später zeigte mir mein Freund Rüdiger das großartige Bild von der „Sternenfrau" von dem genialen Peter Paul Rubens, das man in der Alten Pinakothek München bewundern kann.

Hier gilt der Spruch wirklich:

„Ein Bild sagt mehr als tausend Worte".

Und in der Nachbargemeinde Großefehn-Bagband entdeckte ich in der evangel. Martin-Luther-Kirche die „Sternenfrau" in dem Kirchenschiff.

Ein befreundeter Autor hat mich nun auf den Text von Sr. Margareta Gruber OSF aufmerksam gemacht, die ich – ohne es vorher zu wissen - bei meinen Besuchen in Vallendar schon persönlich kennen ge-lernt hatte.

Es ist mir eine besondere Freude, diese ihre Ausarbeitung über die „Sternenfrau" aus Offenbarung 12, (mit Ergänzungen versehen) herauszugeben.

Wiesmoor, im August 2018
Hans-Jürgen Sträter

Die Sternenfrau in der Johannesoffenbarung – Urbild der erlösten Menschheit. Eine katholisch und ökumenische Interpretation von Offenbarung 12,1-17 (Vortrag beim Ökumenisches Bischofstreffen der Fokularbewegung in Kattowitz 16.11.2017)

Das 12. Kapitel der Offenbarung des Johannes ist ein prophetischer Text, in dessen gewaltigen Bildern die Kirche in allen Jahrhunderten sich selbst und ihre Situation wiedergefunden hat. Zugleich ist dieser Text ein herausfordernd fremdes Stück Weltliteratur von großer sprachlicher Kraft und Schönheit. Es beginnt mit dem »großen Zeichen am Himmel«: »die FRAU, umstrahlt von der Sonne, der Mond zu ihren Füßen, auf ihrem Haupt ein Kranz aus zwölf Sternen. Ihr Leib war gewölbt: sie ist schwanger, die Frau, sie schreit in Kindsnot, gequält von den Wehen und der Not des Gebärens« (Offb 12,1-2 in der Übersetzung von W. Jens).

Wer ist diese Frau?

Man könnte die Geschichte der Offenbarung des Johannes geradezu als Geschichte der Interpretation dieser Frau schreiben.

In der katholischen Tradition wird sie mit der Immaculata verbunden und so vor allem seit den Dogmen von 1854 und 1950 immer wieder dargestellt. Doch kann die Gestalt aus der Johannesoffenbarung nicht so einfach direkt mit der Unbefleckten Empfängnis identifiziert werden. Die mariologische Deutung der Frau begegnet zum ersten Mal Mitte des 5. Jahrhunderts und ist dort bereits, wie in der Folgezeit meistens, mit der ekklesiologischen verbunden. Diese Deutung der Frau auf die Kirche ist die älteste und in der Patristik am stärksten vertretene Auslegung.

Immaculata
Murillo, (1660-1665), Museo del Prado, Madrid
http://www.zeno.org/nid/20004204069Lizenz: Ge-
meinfrei

In der gegenwärtigen Exegese lassen sich 4 Haupttypen der Deutung der apokalyptischen Frau unterscheiden.

Keine von ihnen kann jedoch alle Probleme des Textes befriedigend lösen:

1. Die Frau ist die empirische Kirche. Doch wie kann sie dann die Mutter des historischen Messias sein?

2. Ist sie aber Maria, die leibliche Mutter des Messias, wie ist ihre Verfolgung durch den Drachen und ihre Flucht in die Wüste zu erklären?

3. Einige sehen in ihr das Gottesvolk des Alten Bundes, so schon Augustinus. Wird jedoch das Israel des Alten Bundes vom Drachen verfolgt? In der Offenbarung geht es jedoch nicht vorrangig um das Schicksal Israels, sondern um das der bedrängten Gemeinde.

4. Die meisten gegenwärtigen Exegeten deuten die Frau als das wahre Israel, das Volk Gottes in seiner Einheit von Altem und Neuem Bund, also Israel und die Kirche. Diese Interpretation kann bereits an Viktorinus von Pettau im 4. Jh. anknüpfen.

Diese Deutung bringt jedoch eine Doppeldeutigkeit des Symbols der Frau mit sich. Die Frau, die den Messias gebiert (also das alte Gottesvolk), ist nicht dieselbe Frau, die vom Drachen verfolgt wird (also die vor der Verfolgung bewahrte Kirche).

Die Frage bleibt: Wer ist die apokalyptische Frau in Offb 12?
Schauen wir uns den Text genauer an: Was sieht der Seher? Eine Frau, die von kosmischen Symbolen umgeben ist.

Ihr Geburtsschmerz wird besonders stark betont, gleichzeitig ist aber ihre Herrlichkeitsgestalt mit dieser Geburt verbunden.

Die Spannung zwischen der Schwangeren und dem riesigen Drachen, ihrem Gegenspieler, wird gewaltig aufgebaut; sie entlädt sich auf überraschend schnelle und kampflose Weise: Anders als in vergleichbaren Mythen aus dem Alten Orient oder der griechischen Antike wird das

Kind sofort nach der Geburt entrückt, ohne dass es zu einem Kampf zwischen ihm und dem Drachen käme.

„Frau und Drache"
von Gebhard Fugel (1863-1939)
Autor: Shakko, 24.1.2018, wikimedia commons

Die Geburt des Kindes ist durch das Zitat Psalm 2,9 und durch den Anklang an Jes 7,14 als messianisches Ereignis gekennzeichnet: „und sie gebar ein Kind, einen Sohn, der über alle Völker mit eisernem Zepter herrschen wird".

Die Frau flieht in die Wüste. Unter Verwendung von Exodus-Motiven (Ex 19,4; 15,12; Dtn 32,11; Jes 43,2) wird dies in 12,13-16 dramatisch ausgemalt. Dann (12,17) kommt eine Wende in das Geschehen. Die Frau hat plötzlich weitere Nachkommen, die der Drache nun zu bekämpfen beginnt, und diese werden eindeutig als die christliche Gemeinde gekennzeichnet. Dies und die Tatsache, dass sich das ganze Geschehen vom Himmel auf die Erde verlagert hat, wird erklärt durch die Verse 12,7-12.

Darin wird der Sturz des Drachen durch Michael und seine Engel geschildert, der durch die Geburt des Kindes ausgelöst ist. Der Sieg bedeutet jedoch nicht die Vernichtung des Drachen; auf die

Erde hinabgestürzt beginnt er mit der Verfolgung der Christen (12,17). Aber es ist von vornherein eine begrenzte Macht und eine begrenzte Zeit, die ihm zur Verfügung steht, und sein Zorn gegen die Christen ist die Reaktion auf seine Entmachtung.

In 12,9 wird seine Identität unmissverständlich genannt: »der große Drache, die alte Schlange, der Teufel und Satan genannt wird.«

Wenn der Drache also die Symbolgestalt des Satans ist, wen symbolisiert dann seine Gegenspielerin –

Wer ist die apokalyptische Frau?

Ihre Symbolik muss auf derselben Ebene liegen wie die des Drachen. Die übergeschichtliche Gegenspielerin der alten Schlange aber ist die Frau in Genesis 3, die Stamm-Mutter, Eva. Also ist die apokalyptische Frau wie jene Frau die symbolische Repräsentantin der *Menschheit,* nicht der Kirche; *der* Menschheit jedoch, die die Erlösung durch die Geburt des Messias empfangen hat. Die Frau ist eine himmlische Hoheitsgestalt, weil sie den Messias trägt – *er* ist die Sonne, die sie bekleidet. Die Wehen der Geburt werden trotz der starken Betonung der Schmerzen als kosmisches Heilsereignis gezeichnet. Ihr Sternenkranz symbolisiert die Verbindung der Frau zum Gottesvolk des Alten Bundes, das den Messias, gleichsam in Vertretung der Menschheit, hervorgebracht hat, aber sie *ist* nicht Israel.

Wie die urgeschichtliche Frau, Eva, in Gen 3 *alle* ihre Nachkommen hervorgebracht hat, bringt auch die endgeschichtliche Frau den Messias und alle messianischen Nachkommen aus sich hervor. Aber sie *ist* nicht die empirische Kirche.

Insofern Maria die konkrete Frau ist, die den Messias geboren hat, ist auch sie in der apokalyptischen Frau enthalten, aber die Frau *ist* nicht die historische Maria aus Nazaret. Die Feindschaft zwischen ihr und dem Drachen weist über die konkrete Geschichte des Bundesvolkes und der Kirche hinaus auf die symbolische Ebene der Urgeschichte und der Stamm-Mutter. Meine These ist also: Die Vision von der apokalyptischen Frau in Offb 12 ist eine *prophetisch-eschatologische Neu-interpretation (Relecture) der Urgeschich-te in Gen 3.*

Was bedeutet das im Einzelnen? Im Hintergrund von Offb 12 steht das Wort, das Gott in Gen 3,15 zur Schlange spricht: »Feindschaft setze ich zwischen dich und die Frau, zwischen *deinem* Samen und ihrem Samen. Er wird dich am Kopf tref-fen, und du wirst ihn an der Ferse treffen.« Diese Verbindung zum sogenannten Pro-toevangelium wurde wiederholt von den Auslegern gesehen, doch meistens in Zu-sammenhang mit der mariologischen In-terpretation gebracht. Die Sonnenfrau ist jedoch, wie ich gezeigt habe, nicht die in-dividuelle Maria, sondern eine überge-schichtliche Symbolgestalt, Repräsentan-tin der Menschheit, der die Geburt des Messias geschenkt ist.

Die Bezeichnung des Drachen als »alte Schlange« weist sicher auf die Stelle Gen 3,15, ebenso die ungewöhnliche Formulierung von den »übrigen des Samens« der Frau in 12,17. Gen 3,15 unterscheidet die Feindschaft zwischen der Frau und der Schlange von der Feindschaft zwischen dem Nachkommen der Schlange und dem Nachkommen der Frau. »Feindschaft setze ich zwischen dich und die Frau, zwischen *deinem* Samen und ihrem Samen. Er wird dich am Kopf treffen, und du wirst ihn an der Ferse treffen.« Diese Unterscheidung ist auch in der Offenbarung zu beobachten, und zwar bis zum Schluss des Buches. Dieser Kampf wird ab Kap. 13 als die Feindschaft zwischen den Christen, den Nachkommen der Frau, und den Tieren, gewissermaßen als den Nachkommen des Drachen, geschildert.

Am Schluss des Buches tritt wieder der Drache auf den Plan, der in 20,2 fast mit denselben Worten als »der Drache, die alte Schlange, der der Teufel und der Satan ist« eingeführt wird. Nach dem Ablauf der begrenzten Zeit tritt nun die

Feindschaft zwischen dem Drachen und der Frau – jetzt im Symbol der Heiligen Stadt Jerusalem – in ihre letzte Phase. Sie endet wie in 12,5 überraschend schnell und kampflos damit, dass der Teufel in den Feuersee geworfen wird (20,10). Kanonisch betrachtet ist also hier, am Ende der Schrift, die Verheißung des Protoevangeliums voll eingelöst. Es folgt konsequent die Entmachtung des Todes (20,14), und dann kann »die heilige Stadt, das himmlische Jerusalem«, die *Frau des Lammes* (21,9), vom Himmel her auf die neue Erde kommen.

Auch die letzten Bilder der himmlischen Vollendung in Gestalt der Neuen Stadt Jerusalem greifen mit dem Strom des Lebens und den Frucht tragenden Bäumen des Lebens auf die Urgeschichte mit der Paradieserzählung zurück (vgl. Offb 22,1f und Gen 2,9f). In Offb 22,3 heißt es: »Und es wird nichts mehr geben, was vom Fluch Gottes getroffen ist.« Damit legt die Offenbarung – wieder kanonisch gelesen – als das letzte Buch der Bibel eine ausdrückliche Klammer (Inklusion) um die ganze Schrift: Der erste Fluch hat in Gen 3,14 die Schlange getrof-fen und sich an der ganzen Schöpfung ausge-wirkt. Die neue Schöpfung ist vom Fluch und seinen Folgen geheilt.

Das himmlische Jerusalem ist die Voll-endungsgestalt der apokalyptischen Frau aus Offb 12, die voll erlöste Menschheit, mit der vollendeten Heilsgemeinde iden-tisch, die Braut Kirche, die Frau des Lam-mes.

Fassen wir zusammen:

Wer ist die apokalyptische Frau?

Offenbarung 12 ist eine prophetischescha-tologische Neuinterpretation (Relecture) der Urgeschichte in Gen 3. Die Gegen-spieler, die sich in den beiden Zeichen ge-genübertreten, sind wie in Gen 3,15 die Frau und die Schlange.

Die Sonnenfrau ist eine überge-schichtliche Symbolgestalt, Repräsentan-tin der Menschheit, der von Gott die Geburt des Messias geschenkt ist. Eva ist in der Protologie der Schrift die Stamm-Mutter (Ur-Mutter) der Menschheit; die Sternenfrau der Offenbarung ist ihre eschatologische Vollendung, Mutter der erlösten Menschheit. Gott zeigt sozusagen dem Seher in einem Gesicht seinen Plan für die Menschheit! Er will der Menschheit das messianische Kind schenken, sie in die neue Schöpfung hinein verwandeln. Wie die urgeschichtliche Frau in Gen 3 *alle* ihre Nachkommen hervorgebracht hat, bringt auch die endgeschichtliche Frau den Messias und alle messianischen Nachkommen aus sich hervor. Die Geburt der neuen Menschheit in der Geschichte ist kein einfacher Prozess, sondern ein von Schmerzen gezeichneter. Er führt durch den Tod in das neue Leben.

An dieser Stelle stellt sich eine weitere Frage: Wer ist das Kind dieser Frau? Was bedeutet die messianische Geburt aus der Frau? Schauen wir wieder auf den Text.

Es hat den Auslegern immer wieder Kopfzerbrechen bereitet, dass auf die Geburt des Kindes unmittelbar seine Entrückung zum Thron Gottes folgt. Erdenleben und vor allem Tod und Auferstehung des Messias werden – scheinbar – ausgeblendet.

Deshalb muss sich meines Erachtens das messianische Zitat Ps 2,9 in Offb 12,5 („und sie gebar ein Kind, einen Sohn, der über alle Völker mit eisernem Zepter herrschen wird") nicht zwangsläufig und ausschließlich auf die individuelle Gestalt des Messias beziehen. Zudem ist die Symbolgestalt des Erlösers in der Offenbarung das Lamm, das in 12,11 eigens genannt wird, und nicht das Kind. Deshalb meine ich, dass Geburt und Entrückung des Kindes für das gesamte Christusgeschehen stehen, das mit der Geburt des Messias seinen Ausgangspunkt nimmt, sein Erdenleben mit Tod, Auferstehung und Himmelfahrt umfasst – den »Sieg des Lammes« – sich in der messianischen Geschichte der Kirche fortsetzt, um in der erlösten Menschheit ihre Vollendung zu finden.

Trotz dieser symbolisch-menschheitlichen Auslegung, die ich hier vorschlage, kann jedoch aufgrund der Beziehung zwischen Protologie und Eschatologie, die Offb 12 enthält, auch der Gedanke an eine individuelle Frau nicht ganz ausgeklammert werden. Hier liegt der Ansatzpunkt und die Legitimation einer weiteren symbolisch-typologischen Auslegung der apokalyptischen Frau auf die individuelle Mutter des Messias, Maria. Der Menschheit ist schon »von Anfang an« der Messias geschenkt, so die Aussage des Protoevangeliums. Doch das Geschenk realisiert sich in der „Fülle der Zeit" in einer konkreten, individuellen Frau, die von Gott von je her dafür vorgesehen und bereitet war, und die ihre freie Zustimmung zu dieser Aufgabe gibt. Von hier aus lässt sich dann in weiteren theologischen Reflexionen eine Brücke zur Theologie der Immaculata und zum Dogma schlagen.

Wichtige Bibelstellen zum Thema

Genesis 3, 1-15

Die Schlange war schlauer als alle Tiere des Feldes, die Gott, der HERR, gemacht hatte. Sie sagte zu der Frau: Hat Gott wirklich gesagt: Ihr dürft von keinem Baum des Gartens essen?
Die Frau entgegnete der Schlange: Von den Früchten der Bäume im Garten dürfen wir essen; nur von den Früchten des Baumes, der in der Mitte des Gartens steht, hat Gott gesagt: Davon dürft ihr nicht essen und daran dürft ihr nicht rühren, sonst werdet ihr sterben.
Darauf sagte die Schlange zur Frau: Nein, ihr werdet nicht sterben.
Gott weiß vielmehr: Sobald ihr davon esst, gehen euch die Augen auf; ihr werdet wie Gott und erkennt Gut und Böse.
Da sah die Frau, dass es köstlich wäre, von dem Baum zu essen, dass der Baum eine Augenweide war und begehrenswert war, um klug zu werden.
Sie nahm von seinen Früchten und aß;

sie gab auch ihrem Mann, der bei ihr war, und auch er aß.

Da gingen beiden die Augen auf und sie erkannten, dass sie nackt waren. Sie hefteten Feigenblätter zusammen und machten sich einen Schurz.

Als sie an den Schritten hörten, dass sich Gott, der HERR, beim Tagwind im Garten erging, versteckten sich der Mensch und seine Frau vor Gott, dem HERRN, inmitten der Bäume des Gartens.

Aber Gott, der HERR, rief nach dem Menschen und sprach zu ihm: Wo bist du? Er antwortete: Ich habe deine Schritte gehört im Garten; da geriet ich in Furcht, weil ich nackt bin, und versteckte mich.

Darauf fragte er: Wer hat dir gesagt, dass du nackt bist? Hast du von dem Baum gegessen, von dem ich dir geboten habe, davon nicht zu essen?

Der Mensch antwortete: Die Frau, die du mir beigesellt hast, sie hat mir von dem Baum gegeben. So habe ich gegessen. Gott, der HERR, sprach zu der Frau: Was hast du getan? Die Frau antwortete: Die Schlange hat mich verführt. So habe ich gegessen.

Da sprach Gott, der HERR, zur Schlange: Weil du das getan hast, bist du verflucht unter allem Vieh und allen Tieren des Feldes. Auf dem Bauch wirst du kriechen und Staub fressen alle Tage deines Lebens.
Und Feindschaft setze ich zwischen dir und der Frau, zwischen deinem Nachkommen und ihrem Nachkommen. Er trifft dich am Kopf und du triffst ihn an der Ferse.

Genesis 37, 9-11

Er (Josef) hatte noch einen anderen Traum. Er erzählte ihn seinen Brüdern und sagte: Siehe, ich träumte noch einmal: Und siehe, die Sonne, der Mond und elf Sterne warfen sich vor mir nieder. Als er davon seinem Vater und seinen Brüdern erzählte, schalt ihn sein Vater und sagte zu ihm: Was soll der Traum, den du da geträumt hast? Sollen wir etwa, ich, deine Mutter und deine Brüder, kommen und uns vor dir zur Erde niederwerfen? Seine Brüder waren eifersüchtig auf ihn, sein Vater aber bewahrte die Sache.

Offenbarung 12, 1-18

Dann erschien ein großes Zeichen am Himmel: eine Frau, mit der Sonne bekleidet; der Mond war unter ihren Füßen und ein Kranz von zwölf Sternen auf ihrem Haupt.

Sie war schwanger und schrie vor Schmerz in ihren Geburtswehen.

Ein anderes Zeichen erschien am Himmel und siehe, ein Drache, groß und feuerrot, mit sieben Köpfen und zehn Hörnern und mit sieben Diademen auf seinen Köpfen.

Sein Schwanz fegte ein Drittel der Sterne vom Himmel und warf sie auf die Erde herab. Der Drache stand vor der Frau, die gebären sollte; er wollte ihr Kind verschlingen, sobald es geboren war.

Und sie gebar ein Kind, einen Sohn, der alle Völker mit eisernem Zepter weiden wird. Und ihr Kind wurde zu Gott und zu seinem Thron entrückt.

Die Frau aber floh in die Wüste, wo Gott ihr einen Zufluchtsort geschaffen hatte; dort wird man sie mit Nahrung versorgen, zwölfhundertsechzig Tage lang.

Da entbrannte im Himmel ein Kampf; Michael und seine Engel erhoben sich, um mit dem Drachen zu kämpfen. Der Drache und seine Engel kämpften, aber sie hielten nicht stand und sie verloren ihren Platz im Himmel.

Er wurde gestürzt, der große Drache, die alte Schlange, die Teufel oder Satan heißt und die ganze Welt verführt; der Drache wurde auf die Erde gestürzt und mit ihm wurden seine Engel hinabgeworfen.

Da hörte ich eine laute Stimme im Himmel rufen: Jetzt ist er da, der rettende Sieg, die Macht und die Königsherrschaft unseres Gottes und die Vollmacht seines Gesalbten; denn gestürzt wurde der Ankläger unserer Brüder, der sie bei Tag und bei Nacht vor unserem Gott verklagte.

Sie haben ihn besiegt durch das Blut des Lammes und durch ihr Wort und ihr Zeugnis. Sie hielten ihr Leben nicht fest, bis hinein in den Tod.

Darum jubelt, ihr Himmel und alle, die darin wohnen. Weh aber euch, Land und Meer! Denn der Teufel ist zu euch hinabgekommen; seine Wut ist groß, weil er weiß, dass ihm nur noch eine kurze Frist bleibt.

Als der Drache erkannte, dass er auf die Erde gestürzt war, verfolgte er die Frau, die den Sohn geboren hatte.

Aber der Frau wurden die beiden Flügel des großen Adlers gegeben, damit sie in die Wüste an ihren Ort fliegen konnte. Dort wird sie eine Zeit und zwei Zeiten und eine halbe Zeit lang ernährt, fern vom Angesicht der Schlange.

Die Schlange spie einen Strom von Wasser aus ihrem Rachen hinter der Frau her, damit sie von den Fluten fortgerissen werde.

Aber die Erde kam der Frau zu Hilfe; sie öffnete ihren Mund und verschlang den Strom, den der Drache aus seinem Rachen gespien hatte. Da geriet der Drache in Zorn über die Frau und er ging fort, um Krieg zu führen mit ihren übrigen Nachkommen, die die Gebote Gottes bewahren und an dem Zeugnis für Jesus festhalten. Und der Drache trat an den Strand des Meeres.

(Bibeltexte aus der Einheitsübersetzung 2016)

Madonna von Guadaloupe
wikimedia.commons.de

„Das apokalyptische Weib"
von Peter Paul Rubens, Alte Pinakothek München,
wikimedia.commons

Die Geschichte des Bildes

von Rüdiger Holinski, München

Anfang des 17ten Jahrhunderts wünschte sich der Fürstbischof von Freising, Veit Adam, für den Dom ein besonderes Hochaltarbild. Der bekannteste Maler in dieser Zeit war Peter Paul Rubens in Antwerpen/ Belgien.

Der Fürstbischof bestellte bei Rubens ein Altarbild von 5m Höhe und 3m Breite. Ein Preis von 1000 Gulden wurde vereinbart. Rubens fragte den Fürstbischof, welches Motiv er wünschte; dieses überließ der Fürstbischof dem Meister. Der fragte: „Kann ich ein Thema aus der Apokalypse wählen (dem Buch der Offenbarung des Johannes)? Dem Fürstbischof war das recht. So malte Rubens von sich aus die „Entrückung des Kindes" - eine Vision des Johannes auf Patmos – und nannte das Gemälde „Das apokalyptische Weib". Den größten Teil des Bildes malte Rubens in seiner Werkstatt.

1624 wurde das Bild nach Freising transportiert und am Altar des Freisinger Domes angebracht. Der Abstand vom Kirchenschiff zum Altar war jedoch so groß, dass der Betrachter wenig von dem großen Bild erkannte – keine Sonnenstrahlen der Frau und keine Sternenkrone.

Durch die Säkularisierung in Bayern kam dieses Gemälde 1803 nach München in die „Alte Pinakothek". Jeder Betrachter kann jetzt nahe genug an das Kunstwerk herantreten und erkennt alle Einzelheiten, die der Meister gemalt hat. Rubens hat verschiedene Szenen aus dem 12. Kapitel der „Offenbarung des Johannes" dar-gestellt:

Die Entrückung des Kindes nach der Geburt zu Gottes und seinen Thron;

Der Erzengel Michael mit seinem Flammenschwert wirft den Teufel mit seinem Anhang aus dem Himmel auf die Erde;

Die Sternenfrau erhält von Engeln Flügel, um vor dem Drachen davonfliegen zu können an einem Ort der Bewahrung.

Der Maler Emil Böhm fertigte 1926 eine Kopie von dem Gemälde von Rubens für den Freisinger Dom an.

Europaflagge
Autor: Julia Faßbender, 16. Juli 1991
wikimedia.commons

Die Idee zur Europaflagge kam einem Belgier 1955 beim Anblick einer Marienstatue:

„Dann erschien ein großes Zeichen am Himmel: eine Frau mit der Sonne bekleidet; der Mond war unter ihren Füßen und ein Kranz von zwölf Sternen auf ihrem Haupt." (Offenbarung des Johannes 1211)

Schon seit einiger Zeit hängt sie an vielen öffentlichen Gebäuden neben der deutschen Flagge: die Europaflagge. Zwölf goldene Sterne auf dunkelblauem Grund. Fragt man jedoch danach, was diese zwölf Sterne symbolisieren, stößt man auf unterschiedliche Antworten. Viele wissen gar keine Antwort und reagieren mit einem Achselzucken. Andere können sich noch erinnern, dass die Europäische Union einmal aus zwölf Staaten bestanden hat, und glauben damit die Antwort gefunden zu haben. Doch damit liegen sie falsch. Die Geschichte der Fahne hat ihren Ursprung in der Zeit während des Zweiten Weltkriegs. Paul Lévi, ein Belgier jüdischer Abstammung, sah damals angsterfüllt in Leuven zahlreiche Eisenbahnzüge fahren, in denen die Juden von der deutschen Gestapo nach Osten in eine ungewisse Zukunft transportiert wurden. Damals legte Lévi das Gelübde ab, wenn er den Krieg und die Nationalsozialisten lebend überstehen würde, wollte er zum katholischen Glauben konvertieren. Er überlebte und wurde katholisch. Am 5. Mai 1949 wurde in London der Europarat gegründet, und Paul Lévi wurde zum Leiter der Kulturabteilung des Europarats ernannt. Sechs Jahre später 1955, diskutierten die Vertreter über eine gemeinsame Flagge. Sämtliche Entwürfe, in denen, etwa nach dem Vorbild der skandinavischen Flaggen, ein Kreuz enthalten war, wurde von den Sozialisten als ideologisch gebunden und zu christlich verworfen.

Eines Tages kam Lévi bei einem Spaziergang an einer Statue der Mutter Gottes mit dem Stemenkranz vorbei. Durch die Sonne beschienen, leuchteten die goldenen Sterne wunderschön vor dem strahlend blauen Himmel. Lévi suchte daraufhin Graf Benvenuti, ein venezianischer Christdemokrat und damaliger Generalsekretär des Europarats, auf und schlug ihm vor, zwölf goldene Sterne auf blauem Grund als Motiv für die Europafahne vorzuschlagen.

Benvenuti war begeistert, und wenig später wurde der Vorschlag allgemein akzeptiert. Und so ziert bis heute in allen Staaten der Europäischen Union der goldene Sternenkranz Marias die Europafahne. Die Zwölfzahl der Sterne ist ein Hinweis auf die zwölf Stämme Israels (Gen 37,9) und somit auf das auserwählte Volk Gottes. Der Kranz als Symbol des Erfolges und des Triumphes signalisiert die Unbesiegbarkeit der Frau. In der Offenbarung spricht Johannes nur von einer „Frau". Er nennt sie aber nicht Maria. In der katholischen Auslegung wurde aber eine Zeitlang Frau in der Offenbarung mit Maria gleichgesetzt. Weil einige Kapitel später in der Offenbarung erwähnt wird, diese Frau würde den Messias gebären, müsse sie damit auch die Mutter Jesu sein. Dagegen spricht aber, dass diese ‚Frau" in Kapitel 12, Vers 17 der Offenbarung als ‚Mutter der Christen" bezeichnet wird.

Daher wäre es am naheliegendsten, in der erwähnten ‚Frau das Symbol für das Gottesvolk in seiner Einheit von Altern und Neuem Bund zu sehen, so ein Religionswissenschaftler. Die Zahl,,zwölf' hatte schon immer für die Menschen eine besondere Bedeutung. Bereits bei den alten Ägyptern hatte die Unterwelt zwölf Tore. In der griechischen Mythologie musste Herakles zwölf Aufgaben erfüllen, und die Römer gründeten ihre Rechtsordnung auf ein Gesetz, das auf insgesamt zwölf Tafeln niedergeschrieben war. Jesus erwählte aus dem Kreis seiner Gefolgsleute zwölf Männer, die in den Evangelien als die zwölf Apostel beschrieben werden, in Anlehnung an die zwölf Stämme Israels, von denen im Alten

Testament erzählt wird. Außerdem wird in der Offenbarung Jerusalem als die Heimstadt für das vollendete Gottesvolk geschildert. ,,Die Stadt hat eine große und hohe Mauer mit zwölf Toren und zwölf Engeln darauf. Auf die Tore sind Namen geschrieben: die Namen der zwölf Söhne der Stämme Israels ... Die Mauer der Stadt hat zwölf Grundsteine; auf ihnen stehen die zwölf Namen der zwölf Apostel des Lammes. Auch hier findet sich die Verbindung der Stämme Israels vom Alten Testament mit den zwölf Aposteln des Neuen Testaments.

Die Bedeutung der ,,Zwölf' kann man auch darin sehen, dass zwölf das Produkt von drei und vier ist.

Quelle: Thomas Pinzka, Maria und Europa in: L'OSSERVATORE ROMANO, Nt. 39, 1998, S. 8.

.

Lied von der Sternenfrau

Hans-Jürgen Sträter
Melodie: „Wachet auf, ruft uns die Simme"

Sternenfrau, Bild der Gemeinde,
bleib Gott getreu, trotz aller Feinde,
denn Jesus hat schon längst gesiegt.
Sterngekrönt, sonnenbekleidet,
der Mond die Füße dir bescheinet,
damit du leuchtest in die Welt.
Freu' dich der Herrlichkeit,
sie bleibt in Ewigkeit,
Halleluja!
Mach dich bereit zu der Hochzeit,
du musst ihm nur entgegen gehn!

Sternenfrau, gequält von Schmerzen
der Wehen unter deinem Herzen;
denn bald gebierst du einen Sohn.
Satan möchte den verschlingen,
doch Michael kann ihn bezwingen -
das Kind entrückt zu Gottes Thron.
Freu' dich der Herrlichkeit,
sie bleibt in Ewigkeit,
Halleluja!
Mach dich bereit zu der Hochzeit,
du kannst ihm bald entgegen gehn!

*Sternenfrau, Gott wird bewahren
dich mit Hilfe der Engelscharen
durch Flügel an den sich'ren Ort.
Und die Zeit im Wüstenstaube
erbringt, dass größer wird dein Glaube,
dann kommst auch du zum Hochzeits-
mahl.
Freu' dich der Herrlichkeit,
sie bleibt in Ewigkeit,
Halleluja!
Du bist bereit zu der Hochzeit
und wirst ihm nun entgegen gehn!*

Zur Autorin

Margareta Gruber ist seit 2008 Professorin für Neues Testament an der Philosophisch-Theologischen Hochschule Vallendar/Koblenz.
Von August 2009 bis Juli 2013 war sie erste Inhaberin des vom BMBF geförderten Laurentius-Klein-Lehrstuhls für Biblische und Ökumenische Theologie an der Abtei Dormitio Mariae in Jerusalem und Dekanin des Theologischen Studienjahres Jerusalem.

Seit April 2015 ist sie Dekanin der Theologischen Fakultät der PTH Vallendar.

Von 2007 bis 2017 war sie Beraterin der Unterkommission der Pastoralkommission der Deutschen Bischofskonferenz „Frauen in Kirche und Gesellschaft". Seit 2016 ist sie Mitglied des Eastern European Liaison Committee der *Studiorum Novi Testamenti Societas* (SNTS). Seit 2018 ist sie im Herausgeberteam der internationalen Zeitschrift *Concilium*.

Ihre Arbeitsschwerpunkte sind das Johannesevangelium, die Offenbarung des Johannes, die Bibel im interreligiösen Kontext, Exegese und biblische Spiritualität, Biblische Hermeneutik.

Margareta Gruber ist Franziskanerin von Siessen.

SOLLT ICH MEINEM GOTT NICHT SINGEN?

Wie Paul Gerhard den
dreieinigen Gott preist

Wilfried Nill

O du fröhliche gehört zu den beliebtesten Weihnachtsliedern. Das macht Mut! Denn oft habe ich mich gefragt, ob das Wort Fröhlichkeit aus der Zeit gefallen ist. Fröhlich kann man sein und Spaß kann man haben. Stellt sich hier etwa die Frage nach Sein und Haben?

In unserem Kindergottesdienst hieß unser Lieblingslied: Lasst die Herzen immer fröhlich und mit Dank erfüllet sein, denn der Vater in dem Himmel nennt uns seine Kinderlein.

Wenn wir heute im Seniorenkreis zusammen sind, wird dieses Lied gerne gesungen, auswendig.

Zum 400. Geburtstag von Paul Gerhardt hielt Pfarrer i. R. Wilfried Nill am 30. 5. 2007 im Hans-Rießer-Haus in Heilbronn den vorliegenden Vortrag über das Lied von Paul Gerhardt:

„Sollt ich meinem Gott nicht singen, sollt ich ihm nicht fröhlich sein?"

60 Seiten, € 5,00, ISBN: 978-3-754344-98-9

Hermann Seifermann

Die Entdeckung Gottes in der Bibel

Das Wort „Gott" ist zum Fremd-Wort ge-
worden. Der heutige Mensch lebt im Ge-
fühl, die weite Welt genügend erforscht zu
haben, ohne auf ´so etwas wie Gott` zu
stoßen. In den Kirchen wird aber weithin
von und über Gott gesprochen, als könne
jede(r) wissen, was mit „Gott" gemeint sei.
In vielen Zuhörern kommt dabei Lange-
weile auf: „Gott" wirkt auf sie wie ein theo-
retisches Konstrukt – ohne Leben, ohne
Dynamik, ohne Bodenhaftung.
Der Autor, der sein Leben lang die Zeug-
nisse der Bibel erforschte, fragt danach,
was für besondere, ja unvergleichliche Er-
fahrungen in Menschenleben, Welt und
Geschichte die Menschen des biblischen
Raumes machten, bis ihnen schließlich
aufging, dass sie vor Gott geraten waren.
Die bei diesen Forschungen gewonnenen
Einsichten sind so elementar-grundsätz-
lich, dass sie „eine Grundorientierung für
unser Reden von Gott heute" (Hermann
Seifermann) bieten.

122 Seiten, € 9,90, ISBN: 978-3-844814-13-2

Klaus P. Fischer

Wer glaubt, lebt
aus dem Geheimnis

Der Traditionsbegriff "Christliches Abend-
land" ist dem Bewusstsein weiter Kreise
abhanden gekommen. Viele empfinden
dieses Erbe wie einen schlechten Traum.
Heute favorisiert man die pluralistische
oder "offene" Gesellschaft.
Wer sich allerdings öffentlich zum christli-
chen Glauben bekennt, riskiert das Etikett
"Traditionalist". Wenn jedoch aus einer
Kathedrale wie Notre Dame de Paris
Flammen schlagen, erschrecken viele
Zeitgenossen abgrundtief - als spürten
sie, dass mit ihr ein geistig-geistliches
Erbe droht verlorenzugehen.

156 Seiten, € 19,90, ISBN: 978-3-751-964-24-1

Siegfried Hübner

AUFBRUCH IM GLAUBEN MIT PAPST JOHANNES XXIII.

50

Wenn wir heute in unserer Kirche an einen Aufbruch im Glauben und im Leben denken können, so verdanken wir das jenem Aufbruch, der vor 60 Jahren im II. Vatikanischen Konzil (1962-65) begonnen hat.

Die Erneuerung, um die es damals ging und die uns noch heute aufgegeben ist, können wir aber nur recht verstehen, wenn wir auf den Papst zurück blicken, der dieses Konzil einberufen hat und mit ihm die Kirche so in Bewegung bringen wollte, wie er es unter den Zeichen der Zeit für notwendig hielt. Aus den Berichten, die aus Gemeinden zu hören sind, die sich heute um einen Aufbruch bemühen, geht hervor, dass die Anläufe, die dazu gemacht werden, stets zu der Frage führen: Was will Gott heute von uns?

116 Seiten, € 9,90, ISBN: 978-3-754341-22-3